MW00886069

FSPCA CONTROLES PREVENTIVOS DE ALIMENTOS PARA HUMANOS

Libro de ejercicios

Incluye hojas de trabajo del Plan de Inocuidad Alimentaria

Desarrollado por

FOOD SAFETY PREVENTIVE CONTROLS ALLIANCE

Este libro se creó para ayudar a los participantes en el curso Controles Preventivos de Alimentos para Humanos de la Food Safety Preventive Controls Alliance para practicar ejercicios como una forma de reforzar el aprendizaje.

Todos los ejercicios y los ejemplos son hipotéticos. La aplicación de los controles preventivos requiere un conocimiento profundo de las condiciones reales de operación, por lo que la información en el plan de estudios y en los ejercicios pueden no ser directamente aplicables a una operación específica. La asistencia de un individuo calificado en controles preventivos puede ser necesario para asegurar el cumplimiento de las regulaciones de la FDA.

1ª Edición, Versión 1.2 febrero del año 2016

Índice

Capítulo 1: Introducción al curso y a los controles preventivos

Lea las definiciones de "individuo calificado" y "individuo calificado en controles preventivos" que aparecen al final de este capítulo y revise los puntos (a) y (c) de la sección 21 CFR 117.180 del apéndice 1 sobre los requisitos aplicables a un individuo calificado en controles preventivos.

Anote las tareas correspondientes:

Se siente cómodo cuando realiza _____

_____

En esta clase espera aprender a _____

_____

Probablemente convencerá a otras personas para que le ayuden a

_____

_____

Notas para el debate:

_____

_____

_____

_____

_____

_____

_____

© 2016 IIT IFSH   Cuaderno de ejercicios de la FSPCA, versión 1.2

Capítulo 2: Visión general del plan de inocuidad de los alimentos
Notas para el debate:

_____

_____

_____

_____

_____

_____

Capítulo 3: BPM y otros programas de prerrequisitos
Escriba aprendizajes clave de la presentación y violaciones a las BPM observadas en las diapositvas.

_____

_____

_____

_____

_____

_____

_____

_____

_____

_____

Capítulo 4: Peligros biológicos para la inocuidad de los alimentos

Escoja un alimento que usted prepare o un ingrediente que utilice y use la información incluida en este capítulo y en el apendice 4 "Información complementaria sobre agentes patógenos de origen alimentario" para responder lo siguiente:

Alimento o ingrediente: _____

Peligro biológico asociado a este alimento _____

¿Cómo podría evitar su contaminación? _____

_____

_____

¿Cómo podría matar el patógeno? _____

_____

_____

¿Cómo podría controlar el crecimiento del patógeno?

_____

_____

_____

Notas sobre otros patógenos analizados:

_____

_____

_____

_____

_____

_____

© 2016 IIT IFSH Cuaderno de ejercicios de la FSPCA, versión 1.2

Capítulo 5: Peligros para la inocuidad de los alimentos generados por factores químicos, físicos y económicos

Notas para el debate:

_____

_____

_____

_____

_____

_____

_____

Capítulo 6: Medidas preliminares para desarrollar un plan de inocuidad de los alimentos

Aprendizaje clave del capítulo y notas sobre su producto alimenticio modelo:

_____

_____

_____

_____

_____

_____

_____

¿Agruparía o separaría los productos del plan de muestra? Anote sus razonamientos.

_____

_____

_____

Capítulo 7: Recursos para preparar los planes de inocuidad de los alimentos

Notas para el debate y referencias clave que desee considerar para los productos que prepara:

_____

_____

_____

_____

_____

_____

_____

_____

_____

_____

_____

Capítulo 8: Análisis de peligros y determinación de los controles preventivos

NOMBRE DE LA FÁBRICA	FECHA DE EMISIÓN	PÁGINA
DIRECCIÓN	SUSTITUYE A	CÓDIGO DEL PRODUCTO

Análisis de peligros de:

(1) Ingrediente/ paso del procedimiento	(2) Identifique peligros potenciales para la inocuidad de los alimentos, ya sean introducidos, controlados o aumentados en este paso. B = biológicos, Q = químicos (incluidos los radiológicos) F = físicos	(3) ¿Algún peligro potencial para la inocuidad de los alimentos requiere un control preventivo? Sí / No	(4) Justifique la decision de la columna 3.	(5) ¿Cuál(es) medida(s) de control preventivo puede(n) ser aplicada(s) para minimizar significativamente o evitar un peligro para la inocuidad de los alimentos? *Controles preventivos de: procesos, incluidos los puntos de control crítico; alérgenos; saneamiento; y cadena de suministro, entre otros.*	(6) ¿El control preventivo es aplicado en este paso? Sí / No
	B				
	Q				
	F				
	B				
	Q				
	F				
	B				
	Q				
	F				
	B				

Análisis de peligros de:

(1) Ingrediente/ paso del procedimiento	(2) Identifique peligros <u>potenciales</u> para la inocuidad de los alimentos, ya sean introducidos, controlados o aumentados en este paso. *B = biológicos,* *Q = químicos (incluidos los radiológicos)* *F = físicos*	(3) ¿Algún peligro <u>potencial</u> para la inocuidad de los alimentos requiere un control preventivo?		(4) Justifique la decision de la columna 3.	(5) ¿Cuál(es) medida(s) de control preventivo puede(n) ser aplicada(s) para minimizar significativamente o evitar un peligro para la inocuidad de los alimentos? *Controles preventivos de: procesos, incluidos los puntos de control crítico; alérgenos; saneamiento; y cadena de suministro, entre otros.*	(6) ¿El control preventivo es aplicado en este paso?	
		Sí	No			Sí	No
	Q						
	F						

Cuaderno de ejercicios de la FSPCA, versión 1.2

Análisis de peligros de:

(1) Ingrediente/ paso del procedimiento	(2) Identifique peligros potenciales para la inocuidad de los alimentos, ya sean introducidos, controlados o aumentados en este paso. B = biológicos, Q = químicos (incluidos los radiológicos) F = físicos		(3) ¿Algún peligro potencial para la inocuidad de los alimentos requiere un control preventivo?		(4) Justifique la decision de la columna 3.	(5) ¿Cuál(es) medida(s) de control preventivo puede(n) ser aplicada(s) para minimizar significativamente o evitar un peligro para la inocuidad de los alimentos? Controles preventivos de: procesos, incluidos los puntos de control crítico; alérgenos; saneamiento; y cadena de suministro, entre otros.	(6) ¿El control preventivo es aplicado en este paso?	
			Sí	No			Sí	No

Análisis de peligros de:

(1) Ingrediente/ paso del procedimiento	(2) Identifique peligros <u>potenciales</u> para la inocuidad de los alimentos, ya sean introducidos, controlados o aumentados en este paso. *B = biológicos, Q = químicos (incluidos los radiológicos) F = físicos*	(3) ¿Algún peligro <u>potencial</u> para la inocuidad de los alimentos requiere un control preventivo?		(4) Justifique la decision de la columna 3.	(5) ¿Cuál(es) medida(s) de control preventivo puede(n) ser aplicada(s) para minimizar significativamente o evitar un peligro para la inocuidad de los alimentos? *Controles preventivos de: procesos, incluidos los puntos de control crítico; alérgenos; saneamiento; y cadena de suministro, entre otros.*	(6) ¿El control preventivo es aplicado en este paso?	
		Sí	**No**			**Sí**	**No**

Cuaderno de ejercicios de la FSPCA, versión 1.2

Análisis de peligros de:

(1) Ingrediente/ paso del procedimiento	(2) Identifique peligros **potenciales** para la inocuidad de los alimentos, ya sean introducidos, controlados o aumentados en este paso. *B = biológicos, Q = químicos (incluidos los radiológicos) F = físicos*	(3) ¿Algún peligro **potencial** para la inocuidad de los alimentos requiere un control preventivo?		(4) Justifique la decision de la columna 3.	(5) ¿Cuál(es) medida(s) de control preventivo puede(n) ser aplicada(s) para minimizar significativamente o evitar un peligro para la inocuidad de los alimentos? *Controles preventivos de: procesos, incluidos los puntos de control crítico; alérgenos; saneamiento; y cadena de suministro, entre otros.*	(6) ¿El control preventivo es aplicado en este paso?	
		Sí	No			Sí	No

Capítulo 9: Control preventivo del proceso

NOMBRE DE LA FÁBRICA	FECHA DE EMISIÓN	PÁGINA
DIRECCIÓN	SUSTITUYE A	CÓDIGO DEL PRODUCTO

Nombre del producto:

Contoles preventivos de procesos — Complete las columnas en gris luego de los capítulos de verificación y mantenimiento de registros

Medida de control de procesos	Peligro(s)	Parámetro, valores o límites críticos	Monitoreo				Medida correctiva	Verificación	Registros
			Qué	Cómo	Frecuencia	Quién			

Cuaderno de ejercicios de la FSPCA, versión 1.2

Controles preventivos de procesos (continuación) Complete las columnas en gris luego de los capítulos de verificación y mantenimiento de registros

Medida de control de procesos	Peligro(s)	Parámetros, valores o límites	Monitoreo				Medida correctiva	Verificación	Registros
			Qué	Cómo	Frecuencia	Quién			

Capítulo 10: Control preventivo de alérgenos alimentarios
¿Cuáles alérgenos están presentes en las instalaciones?

Nombre de la materia prima	Proveedor	Alérgenos alimentarios en la formulación de los ingredientes								Alérgenos en el etiquetado de precaución
		Huevos	Leche	Soja	Trigo	Frutos secos (nombre del	Maní	Pescado (nombre del	Mariscos (nombre del	
	Deje en blanco este espacio para realizar el ejercicio									

Cuaderno de ejercicios de la FSPCA, versión 1.2

¿Todos los productos contienen los mismos alérgenos? Si la respuesta es no, ¿qué hace usted para controlarlos?

Nombre del producto	Línea de producción	Alérgenos intencionados							
		Huevos	Leche	Soja	Trigo	Frutos secos (nombre del ...)	Maní	Pescado (nombre del ...)	Mariscos (nombre del ...)

¿Cuáles consideraciones tomó en cuenta, como por ejemplo, programación y limpieza de alérgenos?

Implicaciones en términos de programación:

_____

_____

Consecuencias en cuanto a limpieza de alérgenos:

_____

_____

¿Existen repercusiones en materia de etiquetado de alérgenos?

Producto	Declaración de alérgenos

Controles preventivos de alérgenos alimentarios

Control de alérgenos	Peligro(s)	Criterio	Monitoreo				Medida correctiva	Verificación	Registros
			Qué	Cómo	Frecuencia	Quién			

Cuaderno de ejercicios de la FSPCA, versión 1.2

Capítulo 11: Control preventivo del saneamiento

Con base en el ejemplo del *omelette* de la E.G. Food Company, determine si las siguientes actividades corresponden a BPM o a controles preventivos.

Actividad	BPM o control preventivo	Notas
El área de montaje/envoltura está separada del área de cocción.		
Los empleados lavan sus manos y usan guantes.		
La mesa de montaje/envoltura es limpiada y desinfectada con 200 ppm de cationes de amonio cuaternario.		
Los pisos y las paredes del área de montaje/envoltura son limpiados y desinfectados.		
Los pisos y las paredes del refrigerador son desinfectados.		

En las áreas de producción de sus instalaciones modelo que requieren un control preventivo de saneamiento ¿usted usaría limpieza en seco o en húmedo o ambas? Explique:

_____

_____

_____

_____

En sus instalaciones modelo ¿la zonificación es apropiada? Si la respuesta es afirmativa, ¿dónde la aplicaría?

_____

_____

_____

_____

Capítulo 12: Control preventivo de la cadena de suministro

Identifique al menos un peligro para su alimento modelo que requiera un control aplicado a la cadena de suministro y luego:

- Determine el(los) control(es) por ser aplicado(s) por el proveedor;
- Identifique al menos una actividad de verificación del proveedor;
- Mencione los elementos que el procedimiento requeriría; y
- Defina los registros necesarios.

Materia prima u otro ingrediente		
Peligro que requiere un control aplicado a la cadena de suministro		
Controles preventivos aplicados por el proveedor		
Identificación del (de los) procedimiento(s) de verificación del proveedor		
Procedimiento de verificación		
Registros		

Capítulo 13: Procedimientos de verificación y validación

Incluya los resultados de su actividad al formulario de control preventivo de procesos.

Notas para el debate:

_____

_____

_____

_____

_____

_____

Capítulo 14: Procedimientos de mantenimiento de registros

Incluya los resultados de su actividad al formulario de control preventivo de procesos.

Notas para el debate:

_____

_____

_____

_____

_____

_____

Capítulo 15: Plan de retiro
Notas para el debate:

_____

_____

_____

_____

_____

_____

_____

Capítulo 16: Visión general del reglamento
Notas para el debate:

_____

_____

_____

_____

_____

_____

_____

Cuaderno de ejercicios de la FSPCA, versión 1.2

Made in the USA
Columbia, SC
08 July 2024

38300924R00015